Bibliografische Information der Deutschen Nationalbibliothek:

Die Deutsche Bibliothek verzeichnet diese Publikation in der Deutschen National-
bibliografie; detaillierte bibliografische Daten sind im Internet über http://dnb.d-
nb.de/ abrufbar.

Impressum:

Copyright © 2015 GRIN Verlag, Open Publishing GmbH
Druck und Bindung: Books on Demand GmbH, Norderstedt Germany
ISBN: 9783668452947

Dieses Buch bei GRIN:

http://www.grin.com/de/e-book/366467/verbesserung-der-usability-einer-software-
durch-eine-simulationsphase-vor

Larissa Petersen

Verbesserung der Usability einer Software durch eine Simulationsphase vor der Markteinführung

GRIN Verlag

Inhalt

EINFÜHRUNG

Die vorliegende Arbeit setzt sich mit der Aufgabe zusammen, ein empirisches Forschungsprojekt mit dem Ziel aufzusetzen, die *Usability* einer Software vor der Markteinführung zu vermessen und auszuwerten, um dessen Konkurrenzfähigkeit einzuschätzen und zur Kostenreduzierung des Unternehmens beizutragen[1]. Aufgrund schneller Entwicklung von neuen Technologien muss Software an den Kundenbedarf angepasst werden. Das Forschungsdesign hierzu ist in Kapitel 4 erarbeitet und beinhaltet eine beispielhafte Implementierung einer Testdurchführung. Verbesserungsvorschläge zur Produktgestaltung finden sich im Anschluss der Ergebnisauswertung, sowie offene Fragen und Ansätze für weitere Analysen.

1. THEORETISCHE GRUNDLAGEN

1.1 Definition „Usability" und „Benutzerfreundlichkeit"

In der englischen Fachliteratur hat sich der der Begriff *„usability"* etabliert, im Deutschen als *„Benutzerfreundlichkeit"*[2], *„Gebrauchstauglichkeit"*[3], *„Benutzbarkeit"*[4] oder *„Benutzerzufriedenheit"*[5] beschrieben. Richter[6] ist der Ansicht, dass die *„Benutzbarkeit"* eines Systems die treffendste Übersetzung des Prozesses liefert und sieht sie als die Eignung eines Systems, die Abläufe aus Benutzersicht zu unterstützen. Nachfolgend werden die Begriffe „Benutzerfreundlichkeit" und „Usability" synonym verwendet, um die Benutzerzufriedenheit, Effektivität und Effizienz[6] bei der Nutzung des Softwareproduktes aus Sicht des Nutzers zu bezeichnen. Ein weiterer Aspekt im Zusammenhang mit der Usability ist der *joy of use*[7], wird in dieser Arbeit jedoch nicht berücksichtigt.

---

[1] NIELSEN (1993), S. 2 ff.
[2] BREMUS (2013), S. 16.
[3] DIN EN ISO 9241-11 (1999), S. 94.
[4] BARTH (2011), S. 159.
[5] GRÜN/HEINRICH (1997), S. 254.
[6] VGL. SARODNICK/BRAU (2011), S. 38.
[7] HASSENZAHL (2001), S. 2 ff.

1.2 Kriterien der Benutzerfreundlichkeit

Es ist wichtig das Softwareprodukt, das in dieser Arbeit behandelt wird, genau zu definieren, um den ziemlich unscharfen Begriff „Usability" sowie die dazugehörigen Kriterien abzugrenzen. Da Softwareprodukte in Betrachtung des Anwendungsrahmens im Bereich von mobilen Geräten, PC Anwendungen, webbasierten Anwendungen, Bedienschnittstellen von Maschinen usw. verwendet werden (nicht selten auch als Hybridprodukte) und für jeden Anwendungsbereich eigene Kriterien gelten, wird in dieser Arbeit als Forschungsobjekt eine *PC Anwendung für Endbenutzer* festgelegt. Es werden die Kriterien der DIN ISO Norm 9241-110 für Dialogprogramme angenommen, die als Grundbasis für Usability-Beurteilung gelten: *Aufgabenangemessenheit, Selbstbeschreibungsfähigkeit, Steuerbarkeit, Erwartungskonformität, Fehlertoleranz, Erlernbarkeit und Individualisierbarkeit.*

1.3 Evaluationsmethoden

Die ergonomische Bewertung von Softwareprodukten kann mit zahlreichen Methoden erfolgen, die sich in viele Gruppen aufteilen lassen, häufig wird zwischen *empirischen* und *analytischen* unterschieden. In dieser Arbeit werden die empirischen Methoden herangezogen, die auf dem benutzerdefinierten Verfahren basieren. Jede Methode hat ihre eigenen Vor- und Nachteile, die in zahlreichen Quellen (Sarodnick[1], Richter[2]) detailliert beschreiben sind. Aufgrund großer Objektivität[3] sowie spezifischer Entscheidung werden in dieser Arbeit Usability Tests und Fragebögen ausgewählt und deren Vorteile und Nachteile berücksichtigt.

1.3.1 Usability Tests

„Das Testen der Usability eines Produkts ist eine zentrale Methode im Rahmen software-ergonomischer Qualitätssicherung bzw. benutzerorientierter Produktgestaltung".[4] Die Teststrategien unterscheiden sich u.a. zwischen *formativer Evaluation* oder *summativer Evaluation*.[5] Heutzutage hat ein Produkt aufgrund der dynamischen Technologienentwicklung selten einen finalen Status, vielmehr müssen seine Komponenten ständig verbessert und nachgerüstet werden. Es besteht die Tendenz zur

---

[1] SARODNIK/BRAU (2011), S. 119 ff.
[2] RICHTER/FLÜCKIGER (2013), S. 29 ff.
[3] VGL. RICHTER (1998), S. 17.
[4] HEGNER (2003), S. 6
[5] BARTH (2011), S. 162.

Globalbewertung des Produktes und die summative Evalution wird in früheren Produktentwicklungsstadien durchgeführt.[1]

1.3.2 Fragebögen

Usability Tests können durch verschiedene Erhebungsmethoden ausgewertet werden. Die Videoaufnahmen sind mit hohem Aufwand verbunden, deswegen empfiehlt Nielsen[2] besser mehrere Tests durchzuführen. Aufgrund der großen Datenmengen bei der Logfile Analyse, wird auf diese Auswertungen bei Usability Tests eher selten zurückgegriffen[3]. Am häufigsten wird die software-ergonomische Qualität eines Produkts mittels Fragebögen bewertet. Die meisten Fragebögen sind ISO NORM 9241-110-basierend[4], aus diesen werden für diese Arbeit *ISONORM 9241/10 von Prümper* und *Usability Scale (SUS)* verwendet.

2. FORSCHUNGSKONZEPT

2.1 Aktueller Standpunkt und Problemdarstellung

Gegenstand der Forschung ist die Identifikation und Analyse von den Faktoren, die für die erfolgreiche Markteinführung eines Softwareprodukts aus Benutzersicht bestimmend sind. Ausgangspunkt ist, dass der Produkterfolg entscheidend von der Usability abhängt und als geeigneter Bewertungsmaßstab in dieser Arbeit herangezogen wird. Folgende Daten werden für diese Arbeit angesetzt: Das Softwaredesign für ein neues Produkt wurde vor einem Jahr erstellt und ein Prototyp fertiggestellt. Nach 3-monatiger Pilotierungsphase wurden einige Änderungen implementiert, die durch die interne QA überprüft wurden. In diese Zeit wurde ein Konkurrenzprodukt mit ähnlichem Funktionsumfang auf den Markt gebracht. Der Produktmanager ist der Ansicht, dass die Softwarelösung seiner Firma durch die bessere Usability und die neuen Funktionen, die für die Nutzer wichtig sind, gute Chancen auf dem Markt hat. Zur Untersuchung der Wichtigkeitsfaktoren liegt die Arbeit von Pataki[5] vor. Bisher wurden jedoch keine Forschungen in Bezug auf einen Vergleich der Produktfunktio-

---

[1] VGL. SARODNIK/BRAU (2011), S. 120.
[2] NIELSEN (1993), S. 203.
[3] VGL.SARODNICK/BRAU (2006), S. 162 f.
[4] SARODNIK/BRAU (2006), S. 187.
[5] PATAKI/PRÜMPER/THÜRING (2007)

nen aufgesetzt, deren Usability und deren Wichtigkeit anhand von zwei Produkten zu ermitteln, durchgeführt.

2.2 Fragestellung

Aus der Darlegung der o.g. Problemstellung werden folgende Fragen abgeleitet: *Weist das neue Produkt wirklich eine bessere Usability als das Konkurrenzprodukt auf? Sind die angebotenen Funktionen wichtig aus Kundensicht?*

2.3 Praktische Relevanz der Fragestellung

Aus den Ergebnissen können noch rechtzeitig Schritte zur Produktverbesserung vor der Markteinführung getroffen, Marketing-Strategien (z.B. Competitive Upgrade Policy, gezielte Marketing Kampagne) überdacht, weitere Entwicklungsprojekte geplant werden. Mithilfe der Erkenntnisse können weitere Usability-Tests hinsichtlich Effektivität und Effizienz optimiert werden.

3. FORSCHUNGSDESIGN

3.1 Zielsetzung

Aus der beschriebenen Problemstellung und Fragen werden folgende Ziele für die vorliegende Arbeit abgeleitet: *Vergleich der Usability von zwei Produkten in Bezug auf die Produktfunktionen* und *Untersuchung der Wichtigkeit der Programmfunktionen von zwei Produkten.*

3.2 Variablen

In Bezug auf Usability Evaluation werden die in Frage kommenden Variablen folgendermaßen definiert: Die *Beurteilungen* der Usability anhand der einzelnen Bewertungskriterien (H1, H2), sowie anhand der Wichtigkeit (H3) und die *Scores* sind im Sinne des Forschungsdesigns *abhängige Variablen*. Die *unabhängigen Variablen* sind die einzelnen Programmfunktionen und die Eigenschaften beider Produkte, die getestet werden.

3.3 Formulierung und Erläuterung der Hypothesen

Der Anwendung beider Produkte (als *P1* und *P2* bezeichnet) wurde eine gute Usability zugeschrieben. Es gibt die Grundlage für die Vermutung, dass die einzelnen

Funktionen aus Kundensicht über einen hohen Wichtigkeitsgrad verfügen. Daraus resultierend werden folgende Hypothesen abgeleitet:

Hypothese 1 (H1): Sowohl P1 als auch P2 weisen gute Usability Werte auf.

Hypothese 2 (H2) wird durch zwei Sub-Hypothesen definiert:

H0: Die Usabilitywerte von den Programmfunktionen P2 sind grösser als P1.

H1: Die Usabilitywerte von den Programmfunktionen P2 sind nicht grösser oder sogar kleiner als P1.

Hypothese 3 (H3): Auf der Wichtigkeitsskala sind die Werte für die Zusatzfunktionen vom P1 grösser als für die Hauptfunktionen, die sowohl im P1 als auch im P2 vorhanden sind.

3.4 Testtheoretische Güte

Die Objektivität des Usability Tests betrifft die Standardisierung des gesamten Testvorgangs und wird durch klare Test- und Messvorschriften erreicht. Um die *Reliabilität* zu gewährleisten, wird ein ReTest mit einer weiteren Stichprobe bei nachfolgenden Evaluationen empfohlen, wie auch der Vergleich der verwendeten Fragebögen mit einem anderen oder der Vergleich der Beurteilungen von Softwareentwicklern und Anwendern. *Die Validität* ist sichergestellt, da Personen die Software testen, für die sie auch bestimmt ist. Beim Testen werden für das Ziel relevante und praxisgerechte Testaufgaben verwendet. Da es sich in diesem Fall um einen Feldtest handelt, sind realitätsnahe Bedingungen gegeben. Die Testpersonen stehen nicht unter Zeitdruck, da der Test asynchron verläuft. Die Testpersonen kannten weder die Fragebögen vorab noch haben sie die getesteten Softwareprodukte vorher benutzt. Die meisten Personen haben keinen Kontakt zueinander.

3.5 Methoden und Forschungsmaterial

Bei der Umsetzung der Usability-Tests wird auf zeit- und kostenaufwändige Verfahren wie Video-Aufnahme, Think-Aloud sowie Labortests verzichtet, da das Unternehmen nur über ein kleines Budget verfügt. Es gibt keine Logfiles zur Analyse, da die Software nicht als Webanwendung läuft. Es wird ein *asynchroner* Remote-Usability-Test durchgeführt. Das Unternehmen verfügt bereits über eine „Early Adopters" und „Beta Testers" Datenbank, die für diesen Zweck benutzt werden kann. Als Erhebungsmethode werden *standardisierte* Fragebögen herangezogen, da bereits Erfahrungen mit der Validität vorliegen. Vorteil der ausgewählten Methoden ist, dass der Test schnell und effizient durchgeführt werden kann. Nachteilig sind, dass es sich um subjektive Angaben durch den User handelt und keine Informationen über das Verhalten des Users während der Durchführung erfasst werden, sowie dass die Selbstauskünfte der Probanden nicht geprüft werden können.

3.5.1 Instrumentarium zur Prüfung von Hypothese 1:

Zur Bewertung der software-ergonomischen Qualität des Gesamtproduktes wird der Fragebogen ISONORM 9241/10 von Prümper herangezogen, mit dessen Hilfe die „Benutzerzufriedenheit" über die vorgegebenen Indikatoren erfasst wird. Die Indikatoren werden von jeder Testperson mittels einer numerischen Skala bewertet und zusammengehörige Indikatorwerte werden durch Berechnung des Mittelwertes zu einem Konstruktwert je Proband aggregiert. Von jedem Konstrukt wurde anschließend dessen Einfluss auf die Benutzerzufriedenheit untersucht.

3.5.2 Instrumentarium zur Prüfung von Hypothese 2:

Um die Einzelfunktionen des Produktes zu beurteilen, bieten sich 3 Wege an: Den ISONORM 9241/10-basierten Fragebogen von Prümper anzupassen und einzelne Indikatoren funktionsbezogen zu katalogisieren, den nicht so ausführlichen Fragenbogen SUS für jede Produktfunktion zu benutzen oder einen eigenen Fragebogen zu erstellen. Gegen die Katalogisierung spricht das zum Teil unscharf begrenzte Anwendungsspektrum einzelner Produktfunktionen, die einem einzelnen Faktor schwierig zuzuordnen sind und dass sie nur bei gleichen Funktionsabläufen von P1 und P2 in Betracht gezogen werden können. Da im P1 die Funktion A aus mehreren Abläufen besteht und die beim P2 identische Funktion nur einen interaktiven Schritt darstellt, ist eine allgemein gültige Katalogisierung unpassend. Die eigene Erstellung von Fragebögen ist zu aufwendig, denn Validität, Reliabilität und Objektivität müssen gesichert sein. Es empfiehlt sich deshalb der Rückgriff auf einen Standard-Fragebogen. Auch Tullis und Albert[1] empfehlen den SUS Fragebogen für den Vergleich und Auswertung der Usability von ähnlichen Produkten, weswegen dieser Fragebogen mit folgenden Änderungen vorgezogen wurde: das Wort „*System*" ist durch „*Programmfunktion*" zu ersetzen, die Frage 5 in „*Ich fand, die verschiedenen Schritte der Programmfunktion gut umgesetzt*" umzuformulieren.

---

[1] TULLIS (2013), S. 147.

3.5.3 Instrumentarium zur Prüfung von Hypothese 3

Die weichen Kriterien können anhand der Nutzwertanalyse NWA oder Gewichtungsverfahren AHP von Saaty erhoben werden. Für den Vergleich der Alternativen ist AHP besser geeignet, aus diesem Grund wird diese Methode verwendet. Der AHP-basierter Fragebogen wird den Testpersonen zur Verfügung gestellt, um die Wichtigkeit der Produktfunktionen abzuleiten.

3.6 Testpersonen

Die Stichprobe besteht aus 100 Probanden, männlich und weiblich, im Alter zwischen 20 und 50 Jahren, mit verschiedenen beruflichen Hintergründen, die über keine Erfahrung mit den P1 und P2 verfügen und zu Hause einen PC oder Notebook besitzen. Den Testpersonen wurde zugesichert, dass die Ergebnisse nur anonymisiert weiterverarbeitet werden. Sie haben sie einer obligatorischen Geheimhaltungserklärung zugestimmt. Es wurden für dieses Forschungsprojekt valide Ergebnisse erwartet, da durch die betrachtete Stichprobe die Zielgruppe ausreichend groß und heterogen abgedeckt wurde.

3.7 Testablauf Durchführungsphase

Am Anfang des Tests erhielten die Testpersonen die Softwareprodukte als Download-Versionen. Vom Konkurrenzprodukt wurden ausreichend Lizenzen erworben. Die Probanden hatten 14 Tage Zeit, um die Produkte nach vorgegeben Aufgaben zu testen. Es stand eine eingebaute Hilfe-Funktion zur Verfügung. Es gab jedoch keine zusätzlichen Anweisungen für die genaue Funktionsweise. Die Testnutzer bearbeiteten die Aufgaben am eigenen PC und blieben in Kontakt mit dem Testleiter, falls irgendwelche Probleme auftraten. Danach wurden die Produkte anhand der Fragebögen innerhalb von 4 Tagen ausgewertet. Dazu sind folgende Arbeitspakete abzuschließen:

Arbeitspaket	1	2	3
Ziel	Gesamtprodukt-bewertung für P1 und P2	Bewertung der einzelnen Funktionen von P1 und P2	Feststellung der Wichtigkeitsfaktoren in Bezug auf Produktfunktionen
Zeit	30 Minuten	20 Minuten	30 Minuten
Instrument	ISONORM9241	SUS Fragebogen	Fragebogen mit der Wichtigkeit Skala

4. AUSWERTUNG

4.1 Allgemeine Ergebnisse

Alle Testpersonen hatten keine Probleme mit der Testdurchführung. Alle Programm-funktionen konnten fehlerfrei ausgeführt werden. Die Ergebnisse deuten darauf hin, dass beide Produkte als gut bedienbar empfunden wurden.

4.1.1 Beurteilung der Benutzerfreundlichkeit von zwei Produkten

Bei der Überprüfung von H1 wurde festgestellt, dass beide Produkte über gute Usa-bility-Werte verfügen (Tabelle 1) und dass P1 deutlich bessere Usability Werte auf-weist (Abbildung 1). Des Weiteren empfiehlt sich die Durchführung von Normalver-teilungsplots für jedes Produkt sowie Levene-Tests und einen t-Tests(wird in dieser Arbeit nicht ausgeführt).

Tabelle 1. Auswertung (gekürzt auf Kriterium „Aufgabengemessenheit" und 5 Indikatoren), N=100

	Produkt 1		Produkt 2	
	$\bar{x}$	SD	$\bar{x}$	SD
Einfachheit	4,66	0,8	5,66	0,88
Vollständigkeit	4,4	1,2	4,64	1,22
Automatisierungsmöglichkeit	5,51	1,52	3,72	1,28
Aufwandminimierung	4,77	1,88	3,77	1,67
Passung	4,17	1,24	4,77	1,78
ISO-Gesamtbeurteilung	**4,9**		**3,91**	

Abbildung 1. Indikatorenwerte bei P1 und P2 (gekürzt)

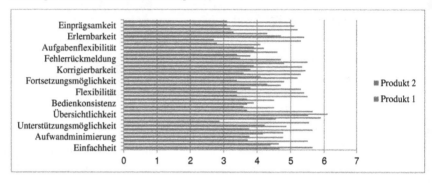

4.1.2 Beurteilung der einzelnen Produktfunktionen in Bezug auf Benutzerfreundlichkeit

Aus den Ergebnissen des SUS-Fragebogens wurde ein SUS-Score errechnet, der eine Ausprägung zwischen 0 und 4000 in Bezug auf N=100 annimmt, der Wert wurde mit 2,5 multipliziert (Tabelle 2). Die Usability-Werte für die Funktionen FA, FB und FC für P1 sind als *gut* bis *exzellent* zu interpretieren, während die Funktionen FA, FB und FD fürs P1 im Bereich *grenzwertig* bis *gut* liegen, nur der Usability Wert für die Funktion FC kann als *gut* bezeichnet werden, die neue Funktion FE zeigt sogar erhebliche Usability Probleme auf. Die Usability-Mittelwerte für die drei Hauptfunktionen von P1 und P2 zeigen deutlich, dass die Hauptfunktionen von P2 nicht über größere Usability Werte als von P1 verfügen, damit muss die H1 akzeptiert und H0 verworfen werden. Anhand des *Signifikanzniveaus t-Tests* ist zu erkennen, ob fälschlicherweise H0 zugunsten H1 verworfen wird. Der berechnete t-Wert (Tabelle 3) liegt bei weitem oberhalb der kritischen Grenze, daher ist die H0 ($\mu 1 \geq \mu 2$) in dem Fall (die Usability-Werte von P2 $\geq$ P1) mit hoher Wahrscheinlichkeit (1-α) zugunsten der Hypothese H1 zu verwerfen.

Tabelle 2. SUS Score Berechnung, N=100

SUS Fragen 1-10	Produkt 1			Produkt 2				
	FA_1	FB_1	FC_1	FA_2	FB_2	FC_2	FD	FE
$\bar{x}$	376,9	361	361,8	318,5	272,6	329,6	289,5	202,6
Gesamt	3769	3610	3618	3185	2726	3296	2895	2026
SUS Score	9422,5	9025	9045	7962,5	6815	8240	7237,5	5065
	94%	90%	90%	79%	68%	82%	72%	50%
s	506,32	798,66	912,84	3301,4	403,82	2598,04	1493,16	6381,38
sd	22,50	28,26	30,21	57,45	20,09	50,97	38,64	79,88

Tabelle 3. Beispiel: Vergleich der Funktionen FA_1 und FA_2

n=	100	100		
$\bar{x}=$	376,9	318,9		
$s^2=$	506,295001	3300,5025		
SD	22,501	57,45		
α=		1%	1%	1%
t =	9,40043835	-2,60088728	2,34532835	-2,34532835
Freih.Grd=		198	198	198

4.1.3 Beurteilung der einzelnen Produktfunktionen aus der Sicht der Wichtigkeit

Aus den einzelnen Bewertungen wurde eine präzise Gewichtung aller Kriterien ermittelt und in die prozentuale Reihenfolge zusammengefügt (Tabelle 4). Anhand der subjektiven Beurteilung der Produktfunktionen fanden die Probanden die Funktion FC als weniger wichtig, die neuen Funktionen vom P2 sind nicht wichtiger als die Hauptfunktionen FA und FB. Man kommt zu der Schlussfolgerung, dass die H3 verworfen werden muss, da die neuen Funktionen nur im Vergleich zu der Funktion FC größere Wichtigkeit darstellen, die FA und FB sind aber mit 40,53% und 51,33% deutlich wichtiger.

Tabelle 4. Matrix nach der Bestimmung der Wichtigkeit

	FA	FB	FC	FD	FE	Priorität
FA	1	5	3	7	2	40,53%
FB	1/5	1	1/3	1/2	1/4	51,33%
FC	1/3	3	1	1/6	1/2	11,23%
FD	1/7	2	6	1	1/2	21,70%
FE	1/2	4	2	2	1	21,39%

4.2 Schlussfolgerungen aus den Ergebnissen

Der durchgeführte Usability Test hat gezeigt, dass die Benutzer beide Produkte als benutzerfreundlich empfinden. P2 zeigt große Usability Schwächen in der Funktion FE, die z.b. von eingebauten Usability Patterns, Umschreiben der implementierten Hilfe-Datei oder ein Warnungsfenster behoben werden könnte. Für die Interpretation ist auch wichtig zu wissen, dass folgende Urteilsfehler auftreten können: Halo-effekt, Milde-Härtefehler, Zentrale Tendenz. Die Wichtigkeit der beiden neuen Funktionen vom P2 ist nicht so groß wie angenommen, deswegen sollten sie eher als Nebenfunktionen bei der Produktvermarktung fundieren.

4.3 Ausblick und Diskussion

Diese Arbeit widmete sich dem Vergleich von zwei Produkten in Bezug auf Usability. Zu Beginn wurden die theoretischen Begriffe im Zusammenhang mit Usability definiert. Im Anschluss daran wurde der Ablauf des Usability Tests anhand eines Beispielfalls aufgezeigt. In dem eingesetzten Untersuchungsdesign haben die Testpersonen anhand der vorgegebenen praktischen Aufgaben die beiden Produkte getestet und anschließend die Usability beider Produkte anhand von Fragenbögen beurteilt und Funktionen nach Wichtigkeit bewertet. Die Ideen dieser Arbeit können als Beitrag für die künftigen empirischen Untersuchungen zum Vergleich von zwei Produkten anhand von Usability-Werten bilden. In diesem Zusammenhang soll noch darauf hingewiesen werden, dass es noch weitere Faktoren gibt, die im Rahmen dieser Arbeit nicht mehr dargestellt werden konnten. Bei einer erneuten Evaluation sollten folgenden *Kontrollvariablen* berücksichtigt werden: der Bekanntheitsgrad des P1 und dessen Hersteller, der Preis und Erhebungssituation. Der „reale" Kunde konnte Gewohnheitsgrad bei der Anwendung vom P1 haben, bei den Testpersonen wurden aber nur die Personen ausgewählt, die das Produkt nicht benutzt hatten. Als Folge konnte dieser Gewöhnungsgrad viel wichtiger als die Wichtigkeit der Produktfunktionen sein. Des Weiteren ist eine Evaluation zu den Nutzwerten bei der Wahl der Software anhand der Attribute Kaufpreis, Schulungskosten, Funktionsangebot, Serviceleistung zu bedenken. Unter den nicht angewendeten Methoden sind *aggregierte Metriken* zu nennen oder eine Untersuchung auf Basis von Usability-Kennzahlen, wirtschaftliche Kennzahlen wie der *Return on Investment* zwecks Usability-Verbesserung. Um die *Reliabilität* sicher zu stellen, ist ein ReTest zu empfehlen oder

der Vergleiche mit Folgeversionen dieser Produkte. Weiter könnte ein Forschungs-projekt durchgeführt werden, um herauszufinden, unter welchen Bedingungen ein Produktwechsel aus Nutzersicht stattfindet. Um die gewichtete Partialwerte zu erheben, kann die *MAU-Regel*[1] verwendet werden. Bei Folgetests ist ein Abschlussfragebogen After Scenario Questionare (ASQ) von Jim Lewis zu empfehlen, um die Effektivität, Effizienz und die Zufriedenheit des Nutzers zu erheben.

---

[1] JUNGERMANN/PFISTER/FISCHER (2010), S. 124.

Literaturverzeichnis

Abts, D., & Mülder, W. (2011). *Grundkurs Wirtschafsinformatik* (7., aktualisierte und verbesserte Auflage Ausg.). Wiesbaden.

Atteslander, P. (2006). *Methoden der empirischen Sozialforschung* (11., neu bearbeitete und erweiterte Auflage Ausg.). Berlin.

Barth, G., & Judy, M. (2011). *Praxiswissen Softwaretest - Test Analyst und Technical test Analyst* (2., durchgesehene Auflage Ausg.). Heidelberg.

Beller, S. (2008). *Empirisch forschen lernen* (2., überarbeitete Auflage Ausg.). Bern.

Bleymüller, J., Gehlert, G., & Gülicher, H. (2008). *Statistik für Wirtschaftswissenschaftler* (15., überarbeitete Auflage Ausg.). München.

Bremus, T. (2013). *Barrierefreiheit: Webanwendungen ohne Hindernisse*. Frankfurt am Main.

Brooke, J. (1986). *SUS: A Quick and Dirty Usability Scale.* http://www.usability.gov/how-to-and-tools/methods/system-usability-scale.html, Abruf vom 11.12.2015.

Brooke, J. (2013). *SUS: A Retrospektive.* http://uxpajournal.org/wp-content/uploads/pdf/JUS_Brooke_February_2013.pdf, Abruf vom 11.12.2015: Journal of Usability Studies, Volume 8, Issue 2.

Burmester, M., & Hassenzahl, M. (2003). *Wie kann Gebrauchstauglichkeit erreicht werden?* http://www.ergo-online.de/html/software/software_entwicklung_prototyp/benutzerzentrierte_software ge.htm, Abruf vom 11.12.2015.

Gletsmann, B., & Suthaus, C. (2013). *Wissenschaftliches Arbeiten im Wirtschafsstudium.* Konstanz und München.

Grün, O., & Heinrich, L. (1997). *Wirtschaftsinformatik. Ergebnisse empirischer Forschung.* Wien.

Hassenzahl, M., Beu, A., & Burmester, M. (2001). Engineering Joy. *IEEE Software* , 2-8.

Hegner, M. (2003). *IZ-Arbeitsbericht Nr. 29. Methoden zur Evaluation von Software.* Bonn.

Heinecke, A. M. (2004). *Mensch - Computer - Interaction.* Leipzig.

Hermenau, A. (SQF601). *Wissenschaftstheorie und empirische Forschung. Grundlagen der Wissenschaftstheorie verstehen.* AKAD.

Hermenau, A. (SQF602). *Wissenschaftstheorie und empirische Forschung. Ein Forschungsprojekt planen.* AKAD.

Hermenau, A. (SQF603). *Wissenschaftstheorie und empirische Forschung. Ein Forschungsprojekt durchführen und auswerten.* AKAD.

Jungermann, H., Pfister, H.-R., & Fischer, K. (2010). *Die Psychologie der Entscheidung* (3. Auflage Ausg.). Heidelberg.

Kromney, H. (2006). *Empirische Sozialforschung* (11., übergearbeitete Auflage Ausg.). Stuttgart.

Lohmann, K. (2013). *System Usability Scale (SUS) – An Improved German Translation of the Questionnaire*. http://minds.coremedia.com/2013/09/18/sus-scale-an-improved-german-translation-questionnaire/, Abruf vom 11.12.2015.

Nielsen, J. (1993). *Usability Engineering*. San Francisco.

Olderog, T., & Schumacher, S. (SQLD302-EL). *Vorgaben für wissenschaftliche Studien- und Abschlussarbeiten*. AKAD.

Oppermann, R. (1996). *Der ISO 9241-Evaluator*. http://kops.uni-konstanz.de/handle/123456789/25014, Abruf vom 11.12.2015: Institutional Repository der Universität Konstanz.

Pataki, K., Prümper, J., & Thüring, M. (2007). Die Gewichtung von Usability-Aspekten anhand der Analytic Hierarchy Process -Methode von Saaty. *Tagungsband UP07*, (S. 113-119). Stuttgart.

Prümper, J. (1997). *Der Fragebogen ISONORM 9241/10 online*. http://www.ergo-online.de/html/software/verfahren_zur_beurteilung_der/fragebogen_isonorm_online.htm, Abruf vom 09.12.2015.

Prümper, J., & Anft, M. (1993). *Die Evalution von Software auf Grundlage des Entwurfs zur inernationalen Ergonomie-Norm ISO 9241 Teil 10 als Beitrag zur partizioativen Systemgestaltung - ein Fallbeispiel*. Bremen.

Richter, M. (1998). *Online-Befragung als neues Instrument zur Beurteilung der Benutzerfreundlichkeit interaktiver Software*. http://www.michaelrichter.ch/liz_98.pdf, Abruf vom 11.12.2015.

Richter, M. (1999). *Online-Befragung als neues Instrument zur Beurteilung der Benutzerfreundlichkeit interaktiver Software am Beispiel einer Internet-Anwendung*. http://www.michaelrichter.ch/gor_99.pdf, Abruf vom 11.12.2015.

Richter, M., & Flückiger, M. (2007). *Usability Engineering kompakt. Benutzbare Software gezielt entwickeln* (1.Auflage Ausg.). München.

Richter, M., & Flückiger, M. (2013). *Usability Engineering kompakt. Benutzbare Produkte gezielt entwickeln* (3.Auflage Ausg.). Berlin Heidelberg.

Sarodnick, F., & Brau, H. (2011). *Methoden der Usability Evaluation. Wissenschaftliche Grundlagen und praktische Anwendung* (2., überarbeitete und aktualisierte Auflage Ausg.). Bern.

Sauro, J. (2006). *Usability Scorecard.* http://www.usabilityscorecard.com, Abruf vom 09.12.2015.

Schulz, S. (04/2008). Die Usability von Webshops – Stand und Entwicklung der Messmethoden. *Transfer,* http://www.transfer-zeitschrift.net/cms/upload/PDFs_Artikel/2008/04_2008/transfer_04-2008_schulz.pdf, Abruf vom 11.12.2015.

Tullis, T., & Albert, B. (2013). *Measuring the User Experience* (Second Edition Ausg.). Waltham, MA, USA.

www.ingramcontent.com/pod-product-compliance
Lightning Source LLC
LaVergne TN
LVHW042128070326
832902LV00037B/1661